BEI GRIN MACHT SICH IHR WISSEN BEZAHLT

Ernst Probst

Zenobia von Palmyra. Eine Frau kämpft gegen die Römer

GRIN Verlag

Bibliografische Information der Deutschen Nationalbibliothek:

Die Deutsche Bibliothek verzeichnet diese Publikation in der Deutschen National-
bibliografie; detaillierte bibliografische Daten sind im Internet über http://dnb.d-
nb.de/ abrufbar.

Impressum:

Copyright © 2011 GRIN Verlag, Open Publishing GmbH
Druck und Bindung: Books on Demand GmbH, Norderstedt Germany
ISBN: 978-3-640-92172-0

Dieses Buch bei GRIN:

http://www.grin.com/de/e-book/172274/zenobia-von-palmyra-eine-frau-kaempft-
gegen-die-roemer

GRIN - Your knowledge has value

Der GRIN Verlag publiziert seit 1998 wissenschaftliche Arbeiten von Studenten, Hochschullehrern und anderen Akademikern als eBook und gedrucktes Buch. Die Verlagswebsite www.grin.com ist die ideale Plattform zur Veröffentlichung von Hausarbeiten, Abschlussarbeiten, wissenschaftlichen Aufsätzen, Dissertationen und Fachbüchern.

Besuchen Sie uns im Internet:

http://www.grin.com/

http://www.facebook.com/grincom

http://www.twitter.com/grin_com

Bild auf der vorhergehenden Seite:

Porträt von Zenobia,
geschaffen von dem italienischen Bildhauer, Maler,
Baumeister und Dichter
Michelangelo Buonarroti (1475–1564)
einem der berühmtesten Künstler der Renaissance

Marianne Werner
und Otto Werner
gewidmet

*Büste des römischen Kaisers Alexander Severus (208–235)
im „Musée du Louvre", Paris*

Zenobia von Palmyra

Eine Frau kämpft gegen die Römer

Als eine der großen Herrscherinnen des Altertums gilt die Fürstin Zenobia aus dem dritten Jahrhundert nach Christus. Nach dem Tod ihres Mannes Septimius Odaenathus regierte sie von 267 bis 272 über das Reich von Palmyra und den römischen Orient. Sie erweiterte ihr Herrschaftsgebiet beträchtlich, pflegte Kontakt mit Philosophen und regierte kurze Zeit sogar als Kaiserin. Ihrem glorreichen Aufstieg folgte ein bitterer Absturz, als sie sich vom Römischen Reich löste.

Zenobia kam angeblich um 241 nach Christus als Tochter des Generals der Stadtwache von Palmyra, Iulius Aurelius Zenobius, zur Welt. Ihr griechischer Name war Zenobia, ihr arabischer Zinab und ihr syrischer Bath Zabbai. Über die Entstehung des Namens Zenobia haben sich Gelehrte oft den Kopf zerbrochen. Der Vater von Zenobia nahm 232 als Befehlshaber des römischen Kaisers Alexander Severus (208–235) am Perserfeldzug teil. Wenig glaubwürdig ist die von Zenobia postulierte dynastische Verbindung mit der ägyptischen Königin Kleopatra VII. die Große (69–30 v. Chr.)

Palmyra liegt mitten in der syrischen Wüste und wird im Westen von schroffen Felsbergen begrenzt. Quellen aus naheliegenden Bergen versorgen dort heute noch

Septimius Odaenathus von Palmyra.
Porträt aus „Promptuarii Iconum Insignorum"
von Guillaume Rouillé (um 1518–1589)
von 1553

Foto auf Seite 7:

Ruinen der antiken Oasenstadt Palmyra
in der syrischen Wüste

7

Silbermünze (Antoninian) mit dem Bild (links)
des römischen Kaisers Valerian (um 190–260).
Der Antoninian war eine römische Silbermünze, die um 214
nach Christus als offizielles Zahlungsmittel eingeführt wurde.

König Salomon –
hier mit der Königin
von Saaba abgebildet –
soll um 1.000 vor Chr.
Palmyra als Station
für Karawanen
aus dem Osten
errichtet haben.
Ausschnitt aus einer Tafel
der Paradiespforte im
Baptisterium San Giovanni,
der Taufkirche des Doms
von Florenz

Dattel-, Oliven- und Granatapfelbäume mit Wasser. Angeblich soll der biblische König Salomon um 1000 vor Chr. dort eine Station für Karawanen aus dem Osten errichtet haben. Ab dem 1. Jahrhundert nach Christus stand Palmyra unter römischer Herrschaft.

Zur römischen Zeit hieß diese Oasenstadt Palmyra. Ihr arabischer Name Tadmor (auch Tadmur) bedeutet „Palmenstadt". Die antike Stadt Palmyra befand sich an einer wichtigen Karawanenstraße auf halber Strecke von Damaskus bis zum Euphrat. Sie wurde vor allem durch ihren Karawanenhandel mit Parthien und Indien reich.

Während einer Krise in der zweiten Hälfte der 240-er Jahre erhoben die Einwohner von Palmyra den angesehenen Septimius Odaenathus zum Stadtfürsten (Exarchos). Rom sanktionierte dies und nahm ihn um 250 in den römischen Senat auf. Der römische Kaiser Valerian (um 190–260) ernannte Septimius Odaenathus 257/258 zum Statthalter in „Syria Phoenice" und 258 zum Konsul.

Die aus einer romanisierten Familie stammende Araberin Zenobia wurde zu einem heute nicht mehr bekannten Zeitpunkt die zweite Frau des verwitweten Septimius Odaenathus (gestorben 267), des Stadtfürsten von Palmyra. Sie wird als sehr klug und sehr schön beschrieben. Angeblich hatte sie einen samtweichen Teint, schwarze Augen, glänzendes Haar und perlenweiße Zähne. Aus der Ehe gingen einige Kinder hervor.

Im Sommer 260 kam es zur Schlacht von Edessa in Nordmesopotamien – heute Urfa in der Osttürkei –

*Demütigung des römisches Kaisers Valerian
durch den persischen Großkönig Schapur I. (gestorben 272).
Zeichnung von Hans Holbein der Jüngere (1497–1543)
um 1521*

zwischen den Heeren der Römer unter dem Befehl von Kaiser Valerian und der Sassaniden, die in Persien an die Macht gekommen waren, unter Großkönig Schapur I. (gestorben 272). Dabei erlitt das rund 70.000 Mann starke und durch eine Seuche dezimierte römische Heer eine vernichtende Niederlage. Kaiser Valerian versuchte seine Truppen zu retten, indem er der Forderung von Schapur I. nachkam und persönlich vor ihm erschien. Doch der Großkönig ließ die römische Delegation in Ketten legen. Kaiser Valerian war fortan ein Gefangener der Perser. Angeblich demütigte der persische Großkönig den nicht mehr zu den Jüngsten gehörenden römischen Kaiser, indem er ihn als menschlichen Fußschemel beim Besteigen seines Pferdes benutzte. Der Wahrheitsgehalt dieser Behauptung ist zweifelhaft. Nach der Schlacht von Edessa brach die römische Verteidigung des Orients vorübergehend zusammen. Großkönig Schapur I. nahm mehrere Städte ein und plünderte Antiochia zum zweiten Mal. Die römischen Feldherren Fulvius Macrianus (gestorben 261) und Ballista (gestorben 261) konnten jedoch die verbliebenen römischen Truppen sammeln und Schapur I. bei Korykos besiegen. Daraufhin zogen sich die Perser hinter den Euphrat zurück. Danach rief der römische Feldherr Fulvius Macrianus seine Söhne Macrianus Minor (gestorben 261) und Quietus (gestorben 261) zu Kaisern aus.

Nach dem Sieg der Perser über die Römer in der Schlacht von Edessa bemühten sich die Palmyrener um eine Annäherung an die Perser, um die Plünderung ihrer Stadt zu verhindern. Als der persische Großkönig

*Silbermünze (Antoninian)
mit dem Bild des
Usurpators Macrianus Minor
(gestorben 261)*

*Büste des römischen Kaisers
Gallienus (218–268).
Original im Musée
du Cinquantenaire, Brüssel*

*Silbermünze (Antoninian)
mit dem Bild
des Usurpators Quietus
(gestorben 261)*

Schapur I. das Gesuch um Verschonung der Palmyrener ablehnte, wurde der palmyrenische Fürst Septimius Odaenathus zum erbitterten Gegner der Perser. Viele Überlebende des in Edessa geschlagenen römischen Heeres schlossen sich ihm an und verstärkten sein Heer.

Im Auftrag von Valerians Sohn, Kaiser Gallienus (218–268), griff der palmyrenische Fürst die persischen Truppen auf dem Rückmarsch an. Er verfolgte sie bis zur persischen Residenz Ktesiophon, ohne diese erobern und den gefangenen Valerian befreien zu können.

Valerian starb später zu einem nicht genau bekannten Zeitpunkt in Gundishapur im Alter von rund 60 Jahren. Angeblich wurde ihm die Haut abgezogen, die man mit Zinnober gefärbt und in einem Tempel als unverhohlene Warnung an Rom aufgehängt haben soll. Frühchristliche Autoren betrachteten das schmachvolle Ende von Valerian als eine Strafe Gottes für dessen Vergehen gegen die Christen, die er 257 und 258 verfolgen ließ. Aus diesem Grund hat man sein Schicksal in den düstersten Farben gemalt.

261 besiegte Septimius Odaenathus im Auftrag von Gallienus den Usurpator Quietus und den römischen Feldherrn Ballista bei Emesa (heute Homs in Syrien). Daraufhin ernannte Gallienus den Fürsten Septimius Odaenaethus zum Kaiserstellvertreter im römischen Orient. Als „dux Romanorum" und „corrector totius Orientis" („Aufrichter des ganzen Ostens") übertrug man ihm die Verantwortung für die Orientprovinzen und die römischen Heere im Osten. 262/263 eroberte er mit seiner Armee die römische Provinz Mesopotamia

Silbermünze (Antoninian) mit dem Bild von
Vaballathus Athenodorus (gestorben nach 272)

wieder und drang bis zur persischen Residenz Ktesiphon vor.

Nach seinem Sieg über die Perser erhob Septimius Odaenathus 263 sich und seinen Thronfolger Herodianus (Herodius, Hairan), den ältesten Sohn aus seiner ersten Ehe, zum „König der Könige". Dies war aber nur ein reiner persischer Ehrentitel. Sein Hauptinteresse bestand darin, den römischen Orient vor Angriffen der Perser zu schützen und den Handel von Palmyra mit dem östlichen Asien zu sichern. Unter seiner Regierung entwickelte sich Palmyra und sein orientalischer Machtbereich zu einem autonomen Bestandteil des Römisches Reiches. 267 zog Septimius Odaenathus erneut gegen Ktesiphon, doch die Nachricht von einem Einfall der Goten in Kleinasien zwang ihn zur Rückkehr.

Vermutlich Ende 267 wurden Septimius Odaenathus und sein ältester Sohn Herodianus aus der ersten Ehe in Heraclia Pontica oder in Emesa unter ungeklärten Umständen ermordet. Nach einer Lesart soll Odaenathus von einem seiner eigenen Leibwächter umgebracht worden sein. Der byzantinische Historiker Johannes Zonaras bezeichnete den Neffen Maeonius als Mörder von Odaenathus. Laut „Historia Augusta" war Maeonius ein Vetter. Möglicherweise betrieb Kaiser Gallienus die Ermordung des zu mächtig gewordenen palmyrenischen Feldherrn. Manche Historiker glauben, Zenobia habe den Mord an ihrem Gatten und ihrem Stiefsohn gewollt, um ihrem eigenen Sohn Vaballathus Athenodorus die Nachfolge zu sichern.

Nach dem gewaltsamen Tod von Septimius Odaenathus erbte dessen Sohn Vaballathus Athenodorus (auch

Goldmünze (Aureus)
mit dem Porträt
des römischen Kaisers
Claudius Gothicus (214–270)

Wahballat oder Wallabat), der damals um zehn Jahre alt gewesen sein soll, die Titel seines Vaters („rex regum", „corrector totius Orientis" und vermutlich auch „dux Romanorum" sowie die Herrschaft im Teilreich von Palmyra. Wohl mit Duldung des römischen Kaisers Gallienus übernahm Julia Aurelia Zenobia, wie sie damals noch hieß, 267 für ihren minderjährigen Sohn Vaballathus Athenodorus die Regentschaft. Um 267 wechselte Aurealia ihren Namen und hieß nun Septimia. Im September 268 wurde der römische Kaiser Gallienus bei der Belagerung von Mediolanum (Mailand) ermordet und Claudius Gothicus (214–270) sein Nachfolger.

Zenobia nutzte die krisenhafte Lage des römischen Reiches, die durch den gleichzeitigen Angriff der Goten auf die untere Donau und der Alemannen auf den Rhein entstanden war, für sich aus: Sie stieß um 269 in Kleinasien bis kurz vor Ankara vor, eroberte 270 die römische Provinz Ägypten, nannte sich „Königin der Könige" und erhob damit ideologisch Anspruch auf den römischen Osten. Am Euphrat gründete sie die benachbarten, durch den Fluss getrennten Festungen Halabiya und Zalabiya.

Im August 270 starb der römische Kaiser Claudius Gothicus, der in Pannonien die Vandalen besiegen wollte, an der Pest. Sein Nachfolger wurde der Feldherr Aurelian (214–275). Zenobia ließ bis 271 Münzen mit dem Bild ihres Sohnes Vaballathus Athenodorus und des römischen Kaisers Aurelian prägen. Vermutlich schloss sie aus der fehlenden Reaktion Aurelians, der vorläufig noch mit den Alemannen beschäftigt war, dass dieser ihre Politik akzeptierte.

Nordmauer von außen und Prätorium
der von Zenobia
am Euphrat erbauten Festung Halabiya.
Foto vom Oktober 2009

Ruine der von Zenobia
am Euphrat erbauten Festung Zalabiya
von Nordosten.
Foto vom Oktober 2009

Palmyrenische Inschrift, in der Zenobia erwähnt wird,
auf einer Säule

Eine der wenigen bekannten palmyrenischen In-schriften, in denen Zenobia erwähnt wird, soll im August 271 entstanden sein. Dabei handelt es sich um eine Inschrift auf einer Säule unter oder neben einer Statue von Zenobia, die nicht erhalten blieb. Die deutsche Übersetzung lautet so: „Diese Statue der Septimia Bath Zabbai, der berühmten und recht-schaffenen Königin haben die Septimier Zabdas, der Oberbefehlshaber, und Zabbai, der Feldherr des Heeres von Tadmor, die sehr Mächtigen, ihrer Herrin errichtet im Monat Ab des Jahres 582."

Als einzige zeitgenössische Darstellung von Zenobia gilt ihr Münzbildnis aus dem Jahre 271 nach Christus. Dieses Bild zeigt sie als Kaiserin mit imposantem Frauenkopf, starker Nase, vorspringendem Kinn und einem Zug strenger Entschlossenheit um die Mundwinkel. In der Literatur liest man, sie sei eine der äußerlich attraktivsten, intelligentesten und coura-giertesten Frauen ihrer Zeit gewesen.

Als Zenobias Berater fungierte der neuplatonische Philosoph und Philologe Longinus (um 212–272). Er leitete von 250 bis 267 die Akademie in Athen und erzog ab 267 die Söhne Zenobias. Offenbar war es maßgeblich Longinus, der die Fürstin drängte, aus großen Teilen des römischen Orients einen selbständigen Staat mit Palmyra als Hauptstadt zu bilden. Am Hof von Zenobia hielten sich möglicherweise auch die Geschichtsschreiber Kallinikos von Petra und Nikostratos von Trapezunt auf.

Zenobia unterstützte den altkirchlichen Theologen Paulus von Samosata, der seit etwa 260 Bischof von

Zenobia von Palmyra mit Leoparden auf einem Aquarell von Warwick Goble (1862–1943) um 1880

Antiochia war. Antiochia lag im kurzzeitig bestehenden palmyrenischen Reich zwischen Rom und Persien. Der in Samosata am Oberlauf des Euphrat geborene Paulus vertrat die Auffassung, Jesus von Nazareth (Christus) sei ein ganz normaler Mensch gewesen. Jedoch sei Jesus, wie andere Heilige vor ihm, auf besondere Weise vom Wort und Geist Gottes bewegt worden. 268 wurde Paulus von Samosata kirchlich verurteilt, konnte sich aber noch einige Jahre halten, da er bei Zenobia ein hohes staatliches Amt bekleidete. 272 setzte man ihn als Bischof von Antiochia ab.

Offenbar verfolgte Zenobia das Ziel, ihrem gewaltigen Reich durch eine einheitliche, aus Neuplatonismus, Christentum und Judentum zusammengesetzte Religion noch festeren Halt zu verleihen. Doch durch ihren Einigungsversuch verdarb sie es mit allen Parteien, vor allem mit den strenggläubigen Christen und Juden. So hieß es im Talmud, dem Sammelwerk des nachbiblischen Judentums: „Einst werden die Israeliten ein Fest begehen, wenn Tarmud zerstört sein wird." Tarmud stand hier für Tadmor, den anderen Namen für Palmyra.

Über sich selbst sagte Zenobia, sie habe ihr Reich nicht so sehr durch Gewalt als vielmehr durch den Ruf einer gerechten und staatsmännischen Lenkung vergrößert. Alle Menschen seien dadurch in eine solche Bewunderung versetzt worden, dass einzelne ihrer Feinde sich entschlossen hätten, lieber untertänig zu bleiben, als in ihr eigenes Land zurückzukehren.

Von Zeitgenossen wurde Zenobia als schöne, kluge, gebildete und tatkräftige Frau geschildert, die fließend Latein, Griechisch, Syrisch und Ägyptisch sprach, die

Werke von Homer und Platon las, eine Geschichte des Orients verfasste sowie gerne jagte und ritt. Bei der Kleidung und beim Hofzeremoniell richtete sie sich nach persischen Vorbildern. Sie trug ein Diadem und einen Purpurmantel, trat mit Goldhelm und Panzer vor ihr Heer und setzte sich mit ihren Generälen zum Umtrunk zusammen.

Erinnerungen an Zenobia weckt das Schicksal einer legendären Frauengestalt namens Az-Zabba in phantasievollen Geschichten oder Sagen arabischer Schriftsteller. Über deren äußeres Erscheinungsbild hieß es: „Sie war die schönste Frau ihrer Zeit, blauäugig und von so reichlichem Haarwuchs, dass sie beim Gehen ihr Haar hinter sich her schleppte, breitete sie es aus, so wurde sie davon vollständig verhüllt. Daher nannte man sie Az-Zabba, die Langhaarige, Zottelige." Gegen Männer hatte sie eine unüberwindliche Abneigung und blieb unverheiratet.

Gerühmt wurden der scharfe Verstand von Az-Zabba, ihre Vorsicht, gepaart mit Mut und Tapferkeit, ihr auf hohe Ziele gerichteter Sinn und ihre Energie in deren Erreichung. Ihre Macht wurde sogar zum Sprichwort. Araber sagem von einem, der auf dem Gipfel der Macht steht: „Mächtiger als Az-Zabba". Angeblich liebte sie es, an der Spitze ihrer Heere selbst ins Feld zu ziehen, Schlachten zu schlagen und Festungen zu belagern, wobei es vorgekommen sein soll, dass sie in derber, recht unweiblicher Art den Gegnern ihre Verachtung zeigte. Am Euphrat legte Az-Zabba zwei sich gegenüberliegende Städte namens Azzan und Addan an. In Azzan residierte sie selbst, in der gegenüberliegenden

Stadt Addan ihre Schwester Ruheila (auch Zeinab oder Zubeiba). Bei ihrer Schwester verbrachte Az-Zabba den Winter. Im Frühling residierte sie in Batn en-Naggar, im Sommer in Tadmur. Zwischen den beiden Städten am Euphrat ließ Az-Zabba unter dem Fluss einen unterirdischen Gang anlegen, der in Frie-denszeiten eine bequeme Verbindung und in Kriegs-zeiten eine Flucht ermöglichte. Eine Mündung des unterirdischen Ganges befand sich unter ihrem Thron, eine andere unter dem Thron ihrer Schwester versteckt.

Jene legendäre Az-Zabba beseitigte mit List und Tücke ihren ärgsten Feind namens Gadima, der im Kampf ihren Vater getötet hatte. Sie schlug Gadima in einem Brief vor, durch eine Heirat mit ihm sollten der unselige Krieg beendet und ihre Gebiete zu einem großen Reich vereinigt werden. Er solle zu ihr kommen und sie und ihr Reich in Besitz nehmen. Gadima ging auf diesen Vorschlag ein, wurde gefangengenommen und vor Az-Zabba gebracht. Als ihn die Herrscherin erblickte, entblößte sie sich und zeigte ihm ihren mit reichlichem Haarwuchs bedeckten Körper mit den Worten: „Sieht etwa so eine Braut aus?" Daraufhin wandte sich Gadima verächtlich ab und sagte: „Nein, es ist das Aussehen einer gemeinen, schamlosen Dirne". Die Königin antwortete ihm: „Nicht etwa, weil ich kein Schermesser noch in dessen Handhabung geübte Mägde hätte, siehst du mich in diesem Zustand„ sondern um mich in jeder Beziehung als männlich zu zeigen."

Az-Zabba erklärte Gadima, er müsse sterben und fragte ihn, auf welche Art er dies wolle. „Ehrenvoll, als König!" lautete die Antwort von Gadima. Man erfüllte seinen

Wunsch, setzte ihm ein reiches Mahl vor und reichte ihm Wein, bis er betrunken war. Weil die Hinrichtung durch das Schwert für einen König als unehrenhaft galt, legte man Gadima auf eine lederne Decke und öffnete ihm die Adern. Auf Befehl der Königin fingen Sklavinnen das rinnende Blut in einer goldenen Schale auf. Kein Tropfen sollte verloren gehen. Dafür werden zwei unterschiedliche Gründe genannt. Einerseits soll das Blut eines Königs als Heilmittel gegen wahnsinnige Liebe, Besessenheit und Biss eines tollen Hundes gegolten haben. Andererseits sollen Wahrsager geweissagt haben, wenn etwas von Gadimas Blut nicht in die Schale falle, werde Blutrache für ihn genommen. Während Az-Zabba den Sterbenden verhöhnte, wurde wegen des Blutverlustes dessen Arm schwach. Er ließ ihn heruntersinken und einige Blutstropfen spritzten an eine in der Nähe befindliche marmorne Säule. Bald darauf starb der König. Az-Zabba bewahrte das Königsblut in ihrer Schatzkammer auf.

Der Sage zufolge kam Az-Zabba durch eine List der Anhänger von Gadima ums Leben. Eine Karawane mit 1.000 Kamelen, die angeblich Kostbarkeiten transportierte, trug in Säcken 2.000 bewaffnete Männer in die Stadt von Az-Zabba. In einer anderen Geschichte ist von 2.000 Kamelen und 4.000 Männern in Kisten die Rede. Das Ende von Az-Zabba wird sehr unterschiedlich geschildert. Nach einer Version soll sie im Angesicht ihres Todes durch das Schwert aus ihrem Siegelring ein schnelltötendes Gift gesaugt haben. Ein andere Version besagt, sie sei bei der Flucht zum unterirdischen Gang in einer Zisterne in den Tod gestürzt. Im Gegensatz dazu steht eine dritte Version, sie sei von Angreifern getötet worden.

So weit diese unglaubliche Geschichte über die legendenumwobene Az-Zabba, die von den bekannten Tatsachen über die historische Zenobia oft abweicht. Doch nun zurück zu den Fakten.

Im Sommer 271 nahm Zenobia – anfangs nur für das syrische Gebiet – auf den von ihr geschlagenen Münzen den Titel einer Augusta (Kaiserin) an. Gleichzeitig ließ sie die Münzen mit dem Porträt des römischen Kaisers Aurelian aus dem Verkehr ziehen. Diese ersetzte sie in Syrien und Ägypten durch Münzen mit dem Bild ihres ältesten Sohnes und mit dessen Titel „Imperator Caesar Vhabalathus Augustus". Motiv hierfür dürfte der Versuch einer gewaltsamen Usurpation (illegale Machtergreifung) gegen den legitimen Herrscher des Römischen Reiches gewesen sein. Damit machte sie sich den im September 270 auf den Thron gelangten römischen Kaiser Aurelian zum Feind. Er unternahm mehrere Feldzüge, um die gefährdete Einheit des Reiches wieder herzustellen. Nach Feldzügen im Westen und auf dem Balkan eroberte Aurelian im Spätsommer 271 durch seinen Feldherrn Probus Ägypten zurück. Wenige Monate später begann Aurelian im Frühjahr 272 einen Feldzug gegen Zenobia. Trotz erbitterten Widerstandes verlor Zenobia die erste Schlacht gegen Aurelian bei Immae, etwa 40 Kilometer von Antiochia entfernt. Aurelian war es gelungen, die gefürchtete schwere Kavallerie der Palmyrener auszuschalten und einen vollständigen Sieg zu erringen. Antiochia fiel bereits am nächsten Tag. Daraufhin zog sich Zenobia mit ihren

Silbermünze (Antoninianus) mit dem Bild des römischen Kaisers Aurelian (214–275)

Truppen nach Emesa zurück. Dort kam es zur zweiten Schlacht, bei der Aurelian erneut die Palmyrener schlug. Bei dieser Auseinandersetzung haben vor allem keulenschwin-gende Hilfstruppen aus Palästina dem hochgerüsteten Heer aus Palmyra schwere Verluste zugefügt.

Nach der zweiten verlorenen Schlacht zog sich Zenobia in ihre Hauptstadt Palmyra zurück und wartete dort auf den Endkampf. Die Truppen von Aurelian belagerten die Oasenstadt Palmyra, während ein anderes römisches Heer Ägypten zurückeroberte. Vergeblich hoffte Zenobia, dass Aurelian bei einer langfristigen Belagerung unter mörderischen Wüstenklima seine Truppen nicht ausreichend mit Nachschub versorgen könne. Doch bald wurden nicht den Belagerern, sondern den Belagerten die Lebensmittel knapp.

In dieser Notlage verließ Zenobia heimlich Palmyra, um Hilfe bei den Persern zu erbitten. Sie konnte sich durch die feindlichen Linien schmuggeln und ritt auf einem schnellen Kamel zum Grenzfluss Euphrat. Doch bevor sie den Fluss überqueren konnte, nahmen römische Soldaten sie gefangen. Damit gab es keine Hoffnung mehr.

Im August 272 erfolgte die Kapitulation von Palmyra. Danach gab Kaiser Aurelian seinen Truppen die einst 200.000 Einwohner beherbergende Oasenstadt zur Plünderung frei und ließ den Staatsschatz abtrans-portieren.

Außer Zenobia fielen auch ihr Sohn Vaballathus Athenodorus, ihr Berater Longinus und ihr Heerführer Zabdas den Römern in die Hände. Die Römer hatten

Silbermünze (Antoninianus)
mit dem Bild von Zenobia von 272

Bild auf Seite 31:

Gemälde von Giovanni Battista Tiepolo (1696–1770)
aus dem Jahre 1717:
Das Bild zeigt die besiegte Zenobia von Palmyra
vor dem römischen Kaiser Aurelian.
Orginal im Museo Nacional del Prado, Madrid

31

Die mit Ketten gefesselte Zenobia blickt auf Palmyra.
Gemälde von Herbert Schmalz (1856–1935).

Zenobia von Palmyra auf einem Gemälde
des englischen Künstlers Guy Head (1762–1800) um 1780.

Zenobia auf einem Gemälde des englischen Künstlers
Sir Edward Poynter (1836–1919) von 1878

auf Zenobia einen derart starken Hass, dass Aurelian sei nur mit Mühe und Not für seinen Triumphzug in Rom am Leben erhalten konnte.

Die besiegte Fürstin Zenobia und ihr Berater Longinus wurden von den Römern in Emesa wegen Hochverrats vor Gericht gestellt. Zenobia schob die Schuld auf ihren Berater. Longinus dagegen blieb vor Gericht standhaft und bekannte sich unerschütterlich zu seiner Überzeugung. Am Ende kam Zenobia mit dem Leben davon, Longinus dagegen wurde als Urheber eines polemischen Briefes an den römischen Kaiser Aurelian hingerichtet.

Zenobia sollte nach dem Prozess in Emesa zusammen mit anderen vornehmen Gefangenen aus Palmyra nach Rom gebracht werden. Über die Ereignisse von diesem Zeitpunkt an differieren die Geschichtsbücher.

Laut Brockhaus-Lexikon starb Zenobia vermutlich bereits im Herbst 272. Unter anderem heißt es, die stolze Zenobia sei auf der Überfahrt nach Italien gestorben. Dem um 500 lebenden Historiker Zosimos zufolge, der allerdings nicht immer zuverlässig über historische Ereignisse informierte, soll Zenobia beim Transport nach Rom jegliche Nahrung verweigert und deswegen gestorben sein. Man behauptete aber auch, sie habe in den Wellen des Mittelmeeres den Tod gesucht.

Im Online-Lexikon „Wikipedia" dagegen ist nachzulesen, Zenobia und der gallische Ursurpator Tetricus I. seien 274 beim Triumphzug von Aurelian durch die Straßen Roms geführt worden. Tetricus I. war von 271 bis 274 der letzte Kaiser des gallischen Sonderreiches

*Silbermünze (Antoninian)
mit dem Bild von Tetricus I.,
der von 271 bis 274
der letzte Kaiser
des gallischen Sonderreiches
(Imperium Galliarium) war*

(Imperium Galliarium). Bei der Demütigung in Rom soll Zenobia ein prächtiges Gewand, Edelsteine und goldene Ketten, mit denen sie gefesselt war, getragen haben sowie hinter dem Wagen des Kaisers gegangen sein. Als ihre Begleiter werden manchmal ihr Sohn Vaballathus Athenodorus genannt, manchmal aber auch ihre beiden jüngeren Söhnen Herennianus und Timolaos. Hinter Zenobia folgten Tausende von Gefangenen barbarischer Völker. Dieser Triumphmarsch dauerte vom frühen Morgen bis zum späten Abend.

Nach diesem Triumphmarsch in Rom soll Zenobia angeblich auf Befehl des römischen Kaisers Aurelian enthauptet worden sein. Laut der spätantiken „Historia Augusta" und anderen Quellen dagegen verbrachte Zenobia als „freie Gefangene" in einer Art Hausarrest ihren Lebensabend in einer Villa unweit von Tivoli bei Rom. Möglicherweise hat sie sogar noch einen römischen Senator geheiratet und mit ihm ein römisch-palmyrenisches Patriziergeschlecht gegründet. Irgendwann nach 274 soll Zenobia gestorben sein.

Was aus Aballathus Athenodorus, dem ältesten Sohn von Zenobia, wurde, weiß man nicht. Man nimmt an, dass die Römer ihn beseitigt haben, weil er sonst irgendwann gefährlich hätte werden können.

Kurz nachdem Kaiser Aurelian die Stadt Palmyra verlassen hatte, brach dort ein Aufstand aus. Dabei wurden die in Palmyra zurückgelassenen römischen Bogenschützen getötet und ein Mann namens Septimius Antiocus, der ein jüngerer Sohn von Septimius Odaenathus gewesen sein soll, zum Kaiser ausgerufen. Der römische Kaiser Aurelian, der sich damals in den

*Ruine des Baaltempels
in Palmyra.
Foto aus dem Jahr 1992*

Karpaten an der Donau aufhielt, eilte zurück, griff die überraschten Palmyrener an und nahm Palmyra 273 im Handstreich. Diesmal ließ Aurelian keine Gnade mehr walten, sondern die Oasenstadt systematisch plündern, zerstören und dem Erdboden gleichmachen. Viele Einwohner von Palmyra kamen dabei ums Leben und sogar der heilige Baaltempel wurde ausgeraubt. Aurelian schrieb seinen Sieg über Zenobia der Hilfe des in Emesa als Sonnengott verehrten Baal zu und erhob dessen Kult zur Staatsreligion. Den Geburtstag dieses Gottes am 25. Dezember erklärte man zum höchsten Feiertag.

Von der Größe und Pracht der antiken Oasenstadt Palmyra in der syrischen Wüste zeugen noch heute ihre Reste. Neben Baalbek im Libanon gilt Palmyra als bedeutendste Ruinenstadt des hellenistischen Ostens. Bei der Zerstörung von Palmyra durch den römischen Kaiser Aurelian wurden viele Inschriften mit dem Namen und Statuen mit dem Abbild von Zenobia zerstört.

In der „Historia Augusta", einer vermutlich an der Wende vom 4. zum 5. Jahrhundert in lateinischer Sprache verfassten spätantiken Sammlung von 30 Biografien römischer Kaiser bzw. Ursurpatoren ist Zenobia die am ausführlichsten beschriebene Frauengestalt. Zenobia und die gallische Gegenkaiserin Victoria (Vitruvia) sind die einzigen Frauen, denen man in diesem geschichtlichen Werk jeweils einen eigenen Abschnitt gewidmet hat. Erstaunlicherweise wird Zenobia in der „Historia Augusta" nahezu durchgehend als starke und fähige Herrscherin positiv charakterisiert.

Gallische Gegenkaiserin Victoria (Vitruvia).
Porträt aus „Promptuarii Iconum Insignorum"
von Guillaume Rouillé (um 1518–1589) von 1553.
Die Gegenspielerin des römischen Kaisers Aurelian
gehörte zu den zwei Frauen,
die in der „Historia Augusta",
einer Sammlung von 30 Biografien
römischer Kaiser bzw. Usurpatoren,
erwähnt sind.

Dagegen beschimpft der Autor dieses Werkes den damaligen römischen Kaiser Gallienus durchgehend als feige und verweichlicht. Weil der Autor zahlreiche fiktive Elemente in die Biografien eingeflochten und manche Ereignisse falsch dargestellt hat, gehört die „Historia Augusta" zu den umstrittensten Quellen des Altertums. Über Zenobia kursieren im Volksmund und in der Literatur zahlreiche mehr oder minder zweifelhafte Geschichten. Bereits 1894 schrieb ein Autor: „Und zu den seltsamsten Gewohnheiten der Syrer gehört es, dass, wenn die Herkunft eines von den alten Denkmälern der Vergangenheit ihrem Gedächtnis entschwunden ist, sie dieselbe auf Zenobia zurückführen. Gehört dagegen das betreffende Bauwerk zu den religiösen Gebäuden, so schreiben sie seine Gründung der heiligen Helena, der Mutter des Königs Konstantin des Grossen zu."

Zenobia hat immer wieder Künstler inspiriert, Bilder oder Statuen von ihr zu schaffen. Gemälde von ihr schufen beispielsweise Michelangelo Buonarroti (1475–1564), 1717 Giovanni Battista Tiepolo (1696–1770), um 1780 Guy Head (1762–1800), 1878 Sir Edward John Poyntner (1836–1919), um 1780 Guy Head (1762–1919), um 1880 Goble Warwick (1862–1943) und Herbert Schmalz (1856–1935).

Im „Viktorianischen Zeitalter" wurde Zenobia als tugendhafte Landesmutter stilisiert. Der Film „Im Zeichen Roms" (1959) beschreibt sie als eine unter der Last ihres Amtes leidende Regentin. Im heutigen Syrien symbolisiert sie die Emanzipation der Frau.

Statue von Zenobia, geschaffen von der
amerikanischen Bildhauerin Harriet Hosmer (1830–1908)

Literatur

FAATZ, Jan Patrick: Der weibische Kaiser: Das Bild der Zenobia in der Historia Augusta im Kontrast zur Darstellung des Gallienus, München 2009

FLECK, Thorsten: Das Sonderreich von Palmyra. Seine Geschichte im Spiegel der römischen Münzprägung. Aus: Geldgeschichtliche Nachrichten, Heft 199, S. 254–252, Frankfurt am Main 2000

HARTMANN, Udo: Das Palmyrenische Teilreich (Oriens et Occidens 2), Stuttgart 2001

KAIZER, Ted: Odaenathus von Palmyra (Oriens et Occidens 4). Aus: SOMMER, Michael (Herausgeber): Politische Morde. Vom Altertum bis zur Gegenwart, S. 73–79, Darmstadt 2005

KISSEL, Theodor: Amazone der Wüste. Aus: Abenteuer Archäologie, 1/2006

MÄNNLEIN-ROBERT, Irmgard: Longin. Philologe und Philosoph, Leipzig 2001

MÜLLER, Friedrich: Studien über Zenobia und Palmyra nach orientalischen Quellen, Königsberg 1902

PROBST, Ernst: Superfrauen 1 – Geschichte, Mainz-Kostheim 2001

RIST, Josef: Zenobia. Aus: Biographisch-Bibliographisches Kirchenlexikon, Band 14, Sp. 412–417, Herzberg 1998

SCHMIDT-COLINET, Andreas (Herausgeber): Palmyra. Kulturbegegnung im Grenzbereich,

Sonderheft Antike Welt/Zaberns Bildbände zur Archäologie, Mainz 2005

SOMMER, Michael: Die Soldatenkaiser, Darmstadt 2004

UTHEMANN, Karl-Heinz: Paul von Samosata. Aus: Biographisch-Bibliographisches Kirchenlexikon, Band 7, Sp. 66–89, Herzberg 1994

WIEBER, Anja: Die Augusta aus der Wüste – die palmyrenische Herrscherin Zenobia. Aus: SPÄTH, Thomas / WAGNER-HASEL, Beate (Herausgeber): Frauenwelten in der Antike. Geschlechterordnung und weibliche Lebenspraxis, S. 281–310, Stuttgart 2006

WIKIPEDIA (Online-Lexikon) http://wikipedia.org

Bildquellen

Klaus Benz, Fotograf, Mainz-Laubenheim: 50
Heinz-Joachim Krenzer, Frankfurt am Main
Römische Portraitgalerie von Augustus bis
Theodosius I
http://www.hjkrenzer.de/roemer/Portraitgalerie.htm:
12 unten links, 14, 36
Reproduktion einer Zeichnung von Hans Holbein
der Jüngere (1497–1543) um 1521: 10
Reproduktion eines Aquarells von Warwick Goble
(1862–1943) um 1880: 22
Reproduktion eines Bildes von Michelangelo
Buonarroti (1475–1564): 1
Reproduktion eines Fotos der 1859 von Harriet
Hosmer (1830–1908) geschaffenen Statue von
Zenobia: 42
Reproduktion eines Gemäldes von Adolphe William
Bouguerau (1825–1905) von 1850: 49
Reproduktion eines Gemäldes von Guy Head (1762–
1800) um 1780: 33
Reproduktion eines Gemäldes von Sir Edward
Poynter (1836–1919) von 1878: 34
Reproduktion eines Gemäldes von Herbert Schmalz
(1856–1935): 32
Reproduktion eines Gemäldes von Giovanni Battista
Tiepolo (1696–1770) von 1717: 31
Reproduktionen von Porträts aus „Promptuarii
Iconum Insigniorum" (1553) von Guillaume Rouillé
(um 1518–1589): 6, 40

Bild auf Seite 49:

*Gemälde „Zenobia vom Schäfer gefunden
am Aras Ufer" (1850)
von Adolphe William Bouguerau (1825–1905)*

Autor Ernst Probst

Der Autor

Ernst Probst, geboren am 20. Januar 1946 in Neunburg vorm Wald im bayerischen Regierungsbezirk Oberpfalz, ist Journalist und Wissenschaftsautor. Er arbeitete von 1968 bis 1971 als Redakteur bei den „Nürnberger Nachrichten", von 1971 bis 1973 in der Zentralredaktion des „Ring Nordbayerischer Tageszeitungen" in Bayreuth und von 1973 bis 2001 bei der „Allgemeinen Zeitung", Mainz. In seiner Freizeit schrieb er Artikel für die „Frankfurter Allgemeine Zeitung", „Süddeutsche Zeitung", „Die Welt", „Frankfurter Rundschau", „Neue Zürcher Zeitung", „Tages-Anzeiger", Zürich, „Salzburger Nachrichten", „Die Zeit", „Rheinischer Merkur", „Deutsches Allgemeines Sonntagsblatt", „bild der wissenschaft", „kosmos", „Deutsche Presse-Agentur" (dpa), „Associated Press" (AP) und den „Deutschen Forschungsdienst" (df). Aus seiner Feder stammen die Bücher „Deutschland in der Urzeit" (1986), „Deutschland in der Steinzeit" (1991), „Rekorde der Urzeit" (1992), „Dinosaurier in Deutschland" (1993 zusammen mit Raymund Windolf) und „Deutschland in der Bronzezeit" (1996). Von 2001 bis 2006 betätigte sich Ernst Probst als Buchverleger sowie zeitweise als internationaler Fossilienhändler und Antiquitätenhändler. Insgesamt veröffentlichte er mehr als 100 Bücher, Taschenbücher, Broschüren, Museumsführer und E-Books.

Bücher von Ernst Probst

Superfrauen 1 – Geschichte
Superfrauen 2 – Religion
Superfrauen 3 – Politik
Superfrauen 4 – Wirtschaft und Verkehr
Superfrauen 5 – Wissenschaft
Superfrauen 6 – Medizin
Superfrauen 7 – Film und Theater
Superfrauen 8 – Literatur
Superfrauen 9 – Malerei und Fotografie
Superfrauen 10 – Musik und Tanz
Superfrauen 11 – Feminismus und Familie
Superfrauen 12 – Sport
Superfrauen 13 – Mode und Kosmetik
Superfrauen 14 – Medien und Astrologie

Superfrauen aus dem Wilden Westen

Königinnen der Lüfte von A bis Z
Königinnen der Lüfte in Deutschland
Königinnen der Lüfte in Frankreich
Königinnen der Lüfte in England, Australien
und Neuseeland
Königinnen der Lüfte in Europa
Königinnen der Lüfte in Amerika

Königinnen des Tanzes
Elisabeth I. Tudor. Die jungfräuliche Königin

Dinosaurier in Niedersachsen
Raub-Dinosaurier von A bis Z
Der Ur-Rhein. Rheinhessen
vor zehn Millionen Jahren
Als Mainz noch nicht am Rhein lag
Der Rhein-Elefant. Das Schreckenstier
von Eppelsheim
Krallentiere am Ur-Rhein
Menschenaffen am Ur-Rhein
Säbelzahntiger am Ur-Rhein
Deutschland im Eiszeitalter
Höhlenlöwen. Raubkatzen im Eiszeitalter
Der Höhlenlöwe
Säbelzahnkatzen. Von Machairodus bis zu Smilodon
Der Höhlenbär

Monstern auf der Spur. Wie die Sagen über Drachen,
Riesen und Einhörner entstanden
Affenmenschen. Von Bigfoot bis zum Yeti
Seeungeheuer. Von Nessie
bis zum Zuiyo-maru-Monster

Der Schwarze Peter. Ein Räuber im Hunsrück
und Odenwald
Julchen Blasius. Die Räuberbraut
des Schinderhannes
Hildegard von Bingen. Die deutsche Prophetin
Johann Jakob Kaup. Der große Naturforscher
aus Darmstadt

Der Ball ist ein Sauhund. Weisheiten und Torheiten über Fußball (zusammen mit Doris Probst)
Worte sind wie Waffen. Weisheiten und Torheiten über die Medien (zusammen mit Doris Probst)
Schweigen ist nicht immer Gold. Zitate von A bis Z

Bestellungen bei www.grin.com